CB049880

TUDOS

ARNALDO ANTUNES

TUDOS

ILUMINURAS

Copyright ©
Arnaldo Antunes

Copyright © desta edição
Editora Iluminuras Ltda

Capa
Arnaldo Antunes e Zaba Moreau

Projeto gráfico e diagramação
Arnaldo Antunes e Zaba Moreau

O poema "Poesia — A vida fora..."
é dedicado à memória de Paulo Leminski

A palavra "perter" foi criada por Zaba

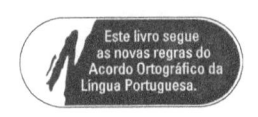

Este livro segue as novas regras do Acordo Ortográfico da Língua Portuguesa.

Dados internacionais de catalogação na publicação (CIP)
(Câmara Brasileira do Livro, SP, Brasil)

Antunes, Arnaldo
 Tudos / Arnaldo Antunes. — 1. ed. — 10 reimp. — São Paulo : Iluminuras, 2019.

ISBN 85-85219-20-3

1. Poesia brasileira I. Título

07-6120   CDD-869.91

Índices para catálogo sistemático :

1. Poesia : Literatura brasileira   869.91

2020
EDITORA ILUMINURAS LTDA.
Rua Inácio Pereira da Rocha, 389 - 05432-011 - São Paulo - SP - Brasil
Tel./Fax: 11 3031-6161
iluminuras@iluminuras.com.br
www.iluminuras.com.br

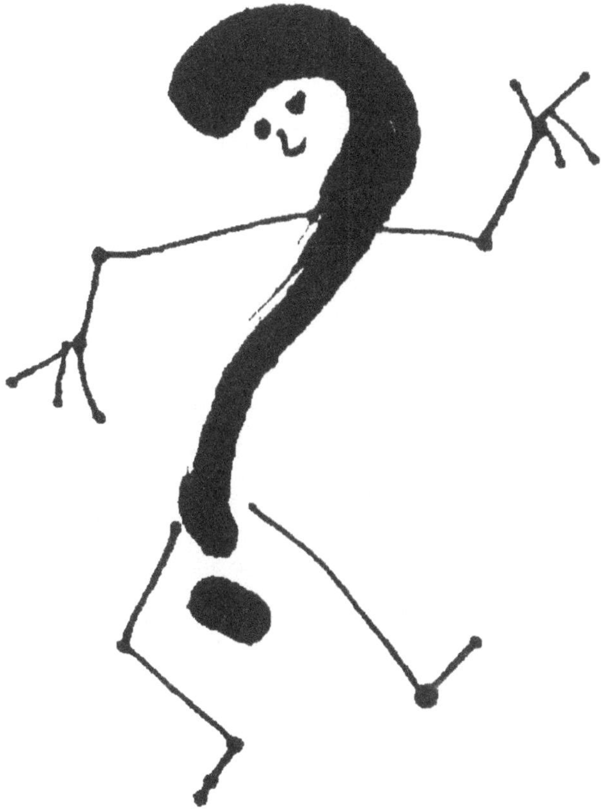

Os nomes dos bichos não são os bichos.

Os bichos são:

macaco gato peixe cavalo vaca elefante baleia galinha.

Os nomes das cores não são as cores.

As cores são:

preto azul amarelo verde vermelho marrom.

Os nomes dos sons não são os sons.

Os sons são.

Só os bichos são bichos.

Só as cores são cores.

Só os sons são

som são

nome não

Os nomes dos bichos não são os bichos.

Os bichos são:

plástico pedra pelúcia madeira cristal porcelana papel.

Os nomes das cores não são as cores.

As cores são:

tinta cabelo cinema céu arco-íris tevê.

Os nomes dos sons.

Como entre lábios,
com labor —
a fala —
entre
pétalas, hálito.

Silêncio entre homens que estão conversando.
Silêncio enquanto eles estão falando.
Silêncio entre um som e outro
som.
Silêncio entre som e
um outro
somem.
Silêncio entre;
não silêncio em.
Silêncio vento;
não silêncio vem.
Silêncio ventre;
não silêncio sêmen — Silêncio sem.
Silêncio entre silêncios
entrem.

A A A

B

C

Poesia —
A vida fora da autografia.
A vida fora da biografia.
A vida fora da caligrafia.
A vida fora da discografia.
A vida fora da etnografia.
A vida fora da fotografia.
A vida fora da geografia.
A vida fora da holografia.
A vida fora da iconografia.
A vida fora da logografia.
A vida fora da monografia.
A vida fora da nomografia.
A vida fora da ortografia.
A vida fora da pornografia.
A vida fora da quirografia.
A vida fora da radiografia.
A vida fora da serigrafia.
A vida fora da telegrafia.
A vida fora da urografia.
A vida fora da videografia.
A vida fora da xilografia.
A vida fora da zoografia.
— A vida inde.

A A VE
CANTO AS
SO AR
R

vida por mim vivida
há de vir a ir
o dia
em que passe a ser
ideia
por mim tida
que possa ser
dita
e só por isso
acontec
ida

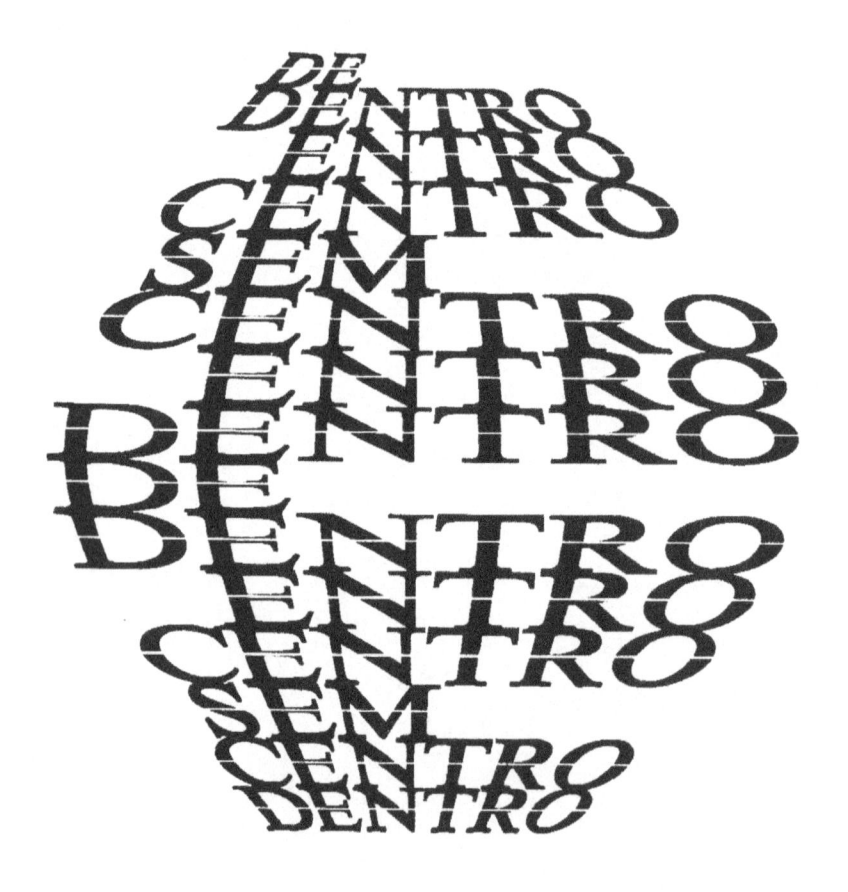

BE DENTRO
DENTRO
CENTRO
SEM
CENTRO
CENTRO
DENTRO
BE DENTRO
BE DENTRO
DENTRO
CENTRO
CENTRO
SEM
CENTRO
DENTRO

Só eu

nu

com meu

um

bigo

un

ido a

um ún

ico

nun

ca

Na noi te eu te mo eu te
amo e te ch
O te lefone do ho te l me
-te me-
do.
Do escuro do negro do breu da voz da noite vem
a tua voz.
Nas estrelas eu tre-
mo e me
a ti ro
a ti só a ti e a
tu: do.

*entre
nos
animais
estranhos
eu
escolho
os
humanos*

a palavra não vem

pensa
pensa
pensa
pensa
e a palavra não vem

nunca
nunca
nunca
nunca
nunca
nunca
nunca
nunca

a palavra vem

Pássaro parado,

a toa.

)

mas do carro
passa,
rápido.

(

(

(

tanto   quanto   quando

voa

Pensamento vem de fora
e pensa que vem de dentro,
pensamento que expectora
o que no meu peito penso.
Pensamento a mil por hora,
tormento a todo momento.
Por que é que eu penso agora
sem o meu consentimento?
Se tudo que comemora
tem o seu impedimento,
se tudo aquilo que chora
cresce com o seu fermento;
pensamento, dê o fora,
saia do meu pensamento.
Pensamento, vá embora,
desapareça no vento.
E não jogarei sementes
em cima do seu cimento.

silêncio de um velho.
silêncio de um tigre
velho.

.

na floresta
na floresta
na floresta

.

gamo
toca
ramo

.

.

.

UM PÁSSARO!

.

.

.

silêncio de
novo.

Estou cego a todas as músicas,
Não ouvi mais o cantar da musa.
A dúvida cobriu a minha vida
Como o peito que me cobre a blusa.
Já a mim nenhuma cena soa
Nem o céu se me desabotoa.
A dúvida cobriu a minha vida
Como a língua cobre de saliva
Cada dente que sai da gengiva.
A dúvida cobriu a minha vida
Como o sangue cobre a carne crua,
Como a pele cobre a carne viva,
Como a roupa cobre a pele nua.
Estou cego a todas as músicas.
E se eu canto é como um som que sua.

estrelas
para mim
para mim
estrelas

são para mim
estrelas para mim
estrelas
estrelas

para quê?
para quê?
para quê?

estrelas para mim
só para mim.

para mim
para mim
para mim

e a treva entre as estrelas
só para mim.

o cabelo cresce porque
cresce pelo cresce porque
cresce grama cresce porque
cresce planta cresce porque o cabelo cresce porque
cresce pelo cresce porque
cresce grama cresce porque
cresce planta cresce porque cresce

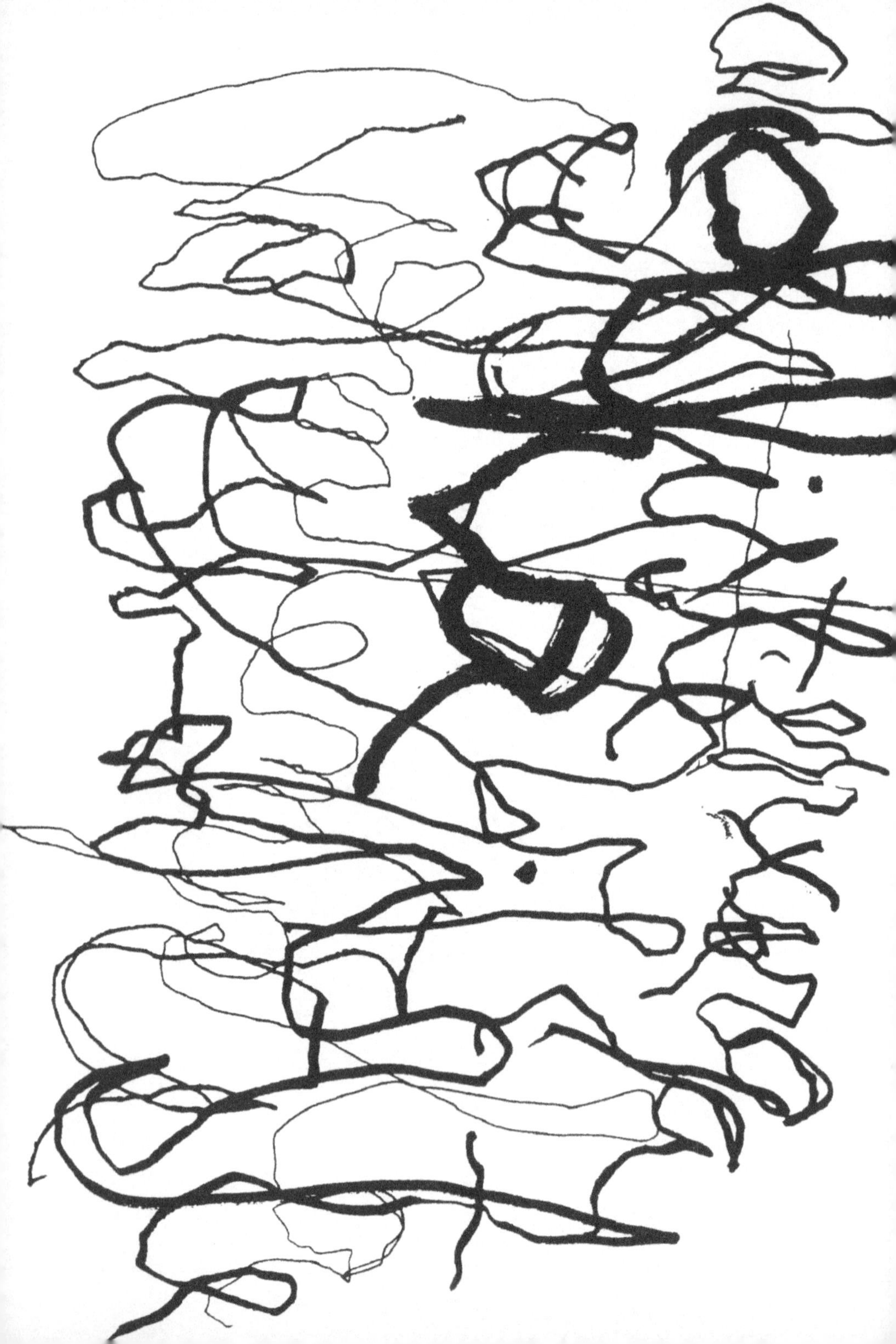

palavra	lê
paisagem	contempla
cinema	assiste
cena	vê
cor	enxerga
corpo	observa
luz	vislumbra
vulto	avista
alvo	mira
céu	admira
célula	examina
detalhe	nota
imagem	fita
olho	olha

  olhos

                                                    olhos

                        oh luz

                                                            não sou eu
                                                                é o é
                                                        não sou eu que sou
                                                            é o é que é

                        olhos

                                                    olhos

                                                                    oh luz

Eu apresento a página branca.

Contra:

Burocratas travestidos de poetas
Sem-graças travestidos de sérios
Anões travestidos de crianças
Complacentes travestidos de justos
Jingles travestidos de rock
Estórias travestidas de cinema
Chatos travestidos de coitados
Passivos travestidos de pacatos
Medo travestido de senso
Censores travestidos de sensores
Palavras travestidas de sentido
Palavras caladas travestidas de silêncio
Obscuros travestidos de complexos
Bois travestidos de touros
Fraquezas travestidas de virtudes
Bagaços travestidos de polpa
Bagos travestidos de cérebros
Celas travestidas de lares
Paisanas travestidos de drogados
Lobos travestidos de cordeiros
Pedantes travestidos de cultos
Egos travestidos de eros
Ledos travestidos de zen

Burrice travestida de citações
água travestida de chuva
aquário travestido de tevê
água travestida de vinho
água solta apagando o afago do fogo
água mole sem pedra dura
água parada onde estagnam os impulsos
água que turva as lentes e enferruja as lâminas
água morna do bom gosto, do bom senso e das boas intenções
insípida, amorfa, inodora, incolor
água que o comerciante esperto coloca na garrafa para diluir o whisky
água onde não há seca
água onde não há sede
água em abundância
água em excesso
água em palavras.

Eu apresento a página branca.

A árvore sem sementes.

O vidro sem nada na frente.

                Contra a água.

o choro vem do meio do corpo o choro não vem do olho o choro vem do olho e do meio do corpo o corpo não vem do olho o choro não vem do meio do olho o choro vem do meio do corpo e do olho o corpo não vem do meio do olho nem do olho e que passe o que passa e que nasça o que nasce

Sol feliz —

A chuva
cai —

— e não sou.

— como uma
	luva.

Deus, avoa.
No vento onde deve haver deus
vivo, não visto
no que se não vê.
Deus sem milagre,
Deus sem ateus.
Além do seio dos seus
e de seus anseios.
Além dos braços dos seus
e de seus abraços.
Além dos bentos, dos rebentos
dos ovos,
sobe aos céus.
Sai da boca qual palavra.
Qual palavra se perca.
Deus-pecado.

Indecifrado.
Incomunicado.
Chova de baixo pra cima.
Além dos lares dos seus
e de seus olhares.
Qual palavra não se cumpra.
Qual palavra não venha na hora agá.
Deus-ar, não venha.
No ar se mantenha.
Intocável.
Irrespirável.
Incomunicável.
Chova de cima para o alto.
Deus sem pouso,
Deus sem repouso,
agora e sem
Deus, avoa.

Agora que agora é nunca
Agora posso recuar
Agora sinto minha tumba
Agora o peito a retumbar

Agora a última resposta
Agora quartos de hospitais
Agora abrem uma porta
Agora não se chora mais

Agora a chuva evapora
Agora ainda não choveu
Agora tenho mais memória
Agora tenho o que foi meu

Agora passa a paisagem
Agora não me despedi
Agora compro uma passagem
Agora ainda estou aqui

Agora sinto muita sede
Agora já é madrugada
Agora diante da parede
Agora falta uma palavra

Agora o vento no cabelo
Agora toda minha roupa
Agora volta pro novelo
Agora a língua em minha boca

Agora meu avô já vive
Agora meu filho nasceu
Agora o filho que não tive
Agora a criança sou eu

Agora sinto um gosto doce
 Agora vejo a cor azul
Agora a mão de quem me trouxe
Agora é só meu corpo nu

Agora eu nasço lá de fora
Agora minha mãe é o ar
Agora eu vivo na barriga
Agora eu brigo pra voltar

Agora

A NOITE: Vocês são meus.
OS HOMENS DAQUELA CIDADE: Eu sou eu!
AS LUZES ACESAS DAS CASAS: Ha Ha Ha!!!
AS LUZES APAGADAS: Ho Ho Ho!!
AS LUZES DA RUA: Sh sh sh.
A NOITE: Vocês fazem para mim.
UM HOMEM: Amor!
OS OUTROS HOMENS: Fazem amor!
A NOITE: Fazem comigo.
AS MULHERES: Eu sou a noite.
AS LUZES APAGADAS: Eu sou a noite.
AS MULHERES: Eu sou Deus.
A NOITE: Eu sou eu.
OS HOMENS DAQUELA CIDADE: Ha Ha Ha!!
O DIA: Ho Ho Ho!
A NOITE: Eu fui eu.
O DIA: Fazem amor.
OS HOMENS: Ao trabalho!

As pedras são muito mais lentas do que os animais. As plantas exalam mais cheiro quando a chuva cai. As andorinhas quando chega o inverno voam até o verão. Os pombos gostam de milho e de migalhas de pão. As chuvas vêm da água que o sol evapora. Os homens quando vêm de longe trazem malas. Os peixes quando nadam juntos formam um cardume. As larvas viram borboletas dentro dos casulos. Os dedos dos pés evitam que se caia. Os sábios ficam em silêncio quando os outros falam. As máquinas de fazer nada não estão quebradas. Os rabos dos macacos servem como braços. Os rabos dos cachorros servem como risos. As vacas comem duas vezes a mesma comida. As páginas foram escritas para serem lidas. As árvores podem viver mais tempo que as pessoas. Os elefantes e golfinhos têm boa memória. Palavras podem ser usadas de muitas maneiras. Os fósforos só podem ser usados uma vez. Os vidros quando estão bem limpos quase não se vê. Chicletes são pra mastigar mas não para engolir. Os dromedários têm uma corcova e os camelos duas. As meias-noites duram menos do que os meios-dias. As tartarugas nascem em ovos mas não são aves. As baleias vivem na água mas não são peixes. Os dentes quando a gente escova ficam brancos. Cabelos quando ficam velhos ficam brancos. As músicas dos índios fazem cair chuva. Os corpos dos mortos enterrados adubam a terra. Os carros fazem muitas curvas pra subir a serra. Crianças gostam de fazer perguntas sobre tudo. Nem todas as respostas cabem num adulto.

um assunto se tem
ou não se tem um
sentimento nunca
foi um bom assunto
um cimento sim
com piche em cima
mas um peixe
embaixo só é bom
assunto se me procura
mas não acho

```
        U
FOR   IGUEIRO
  E
 CI    A DO
 CU    E DE
  U     A
       ONTANHA
```

TYPOGTYPO

asas

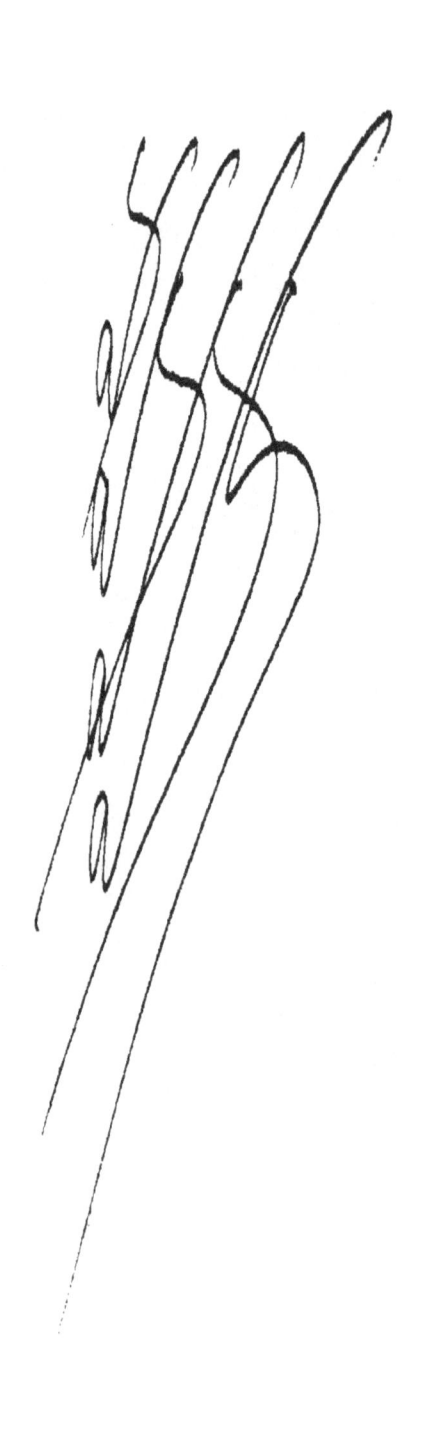

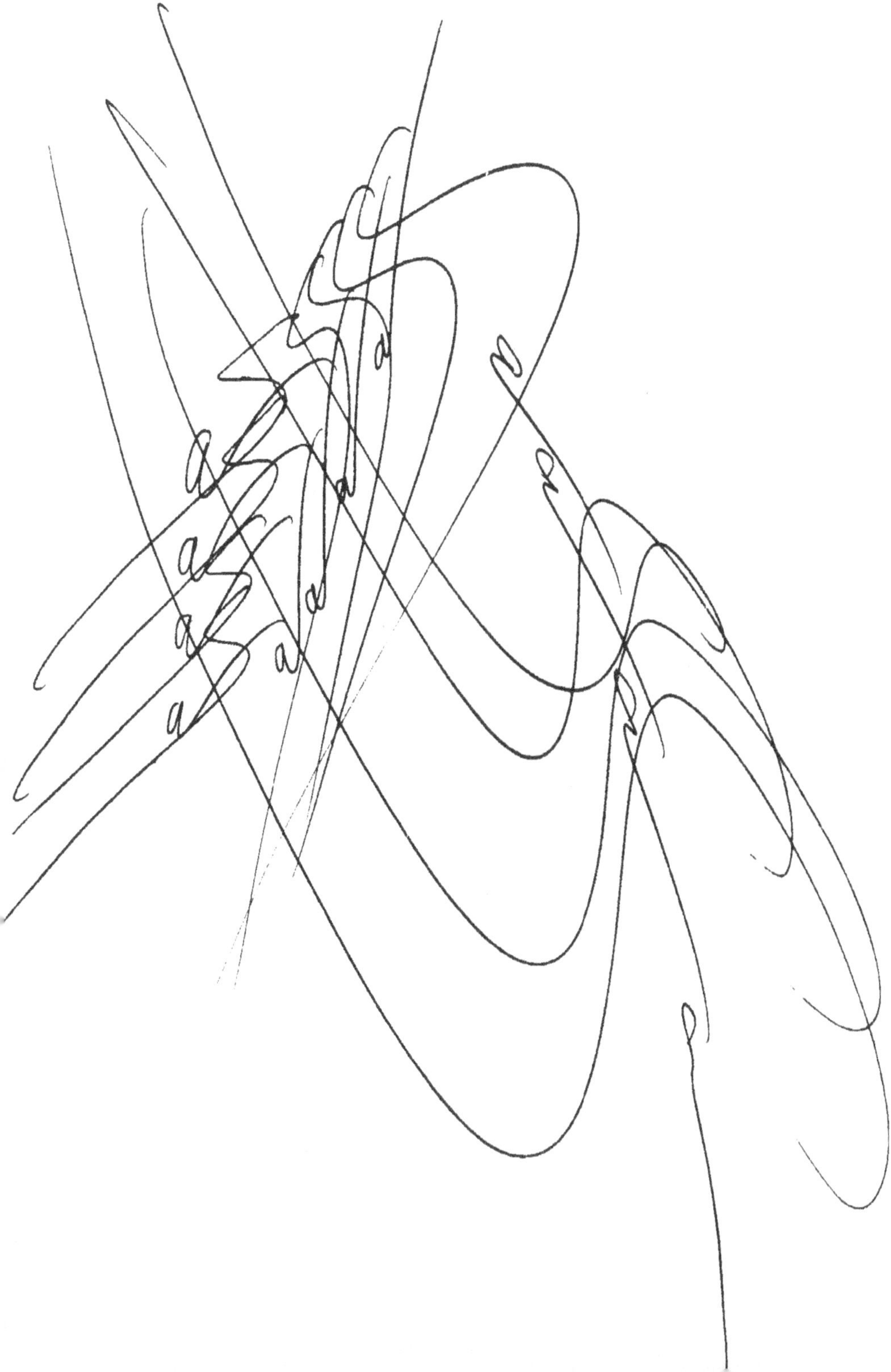

voo

∨ o ^ o ∨ o ^ o ∨ o

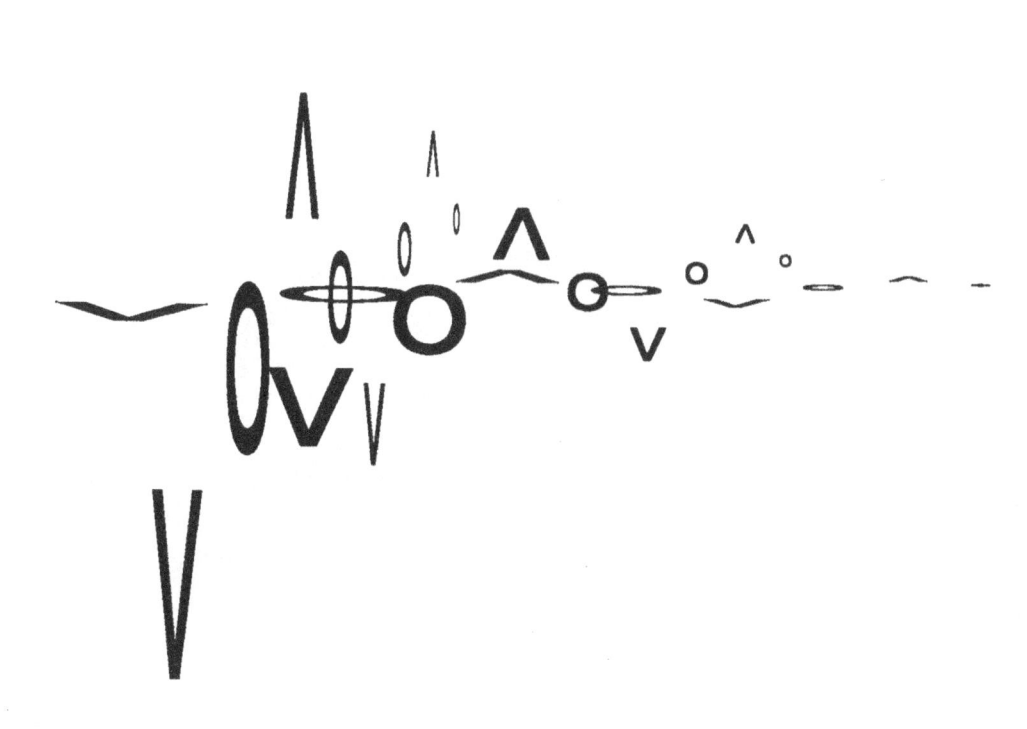

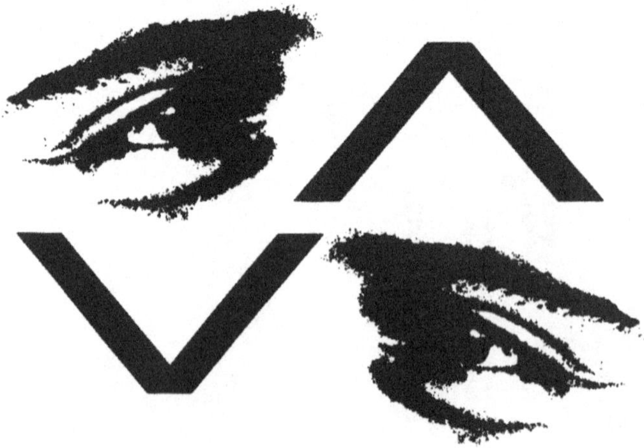

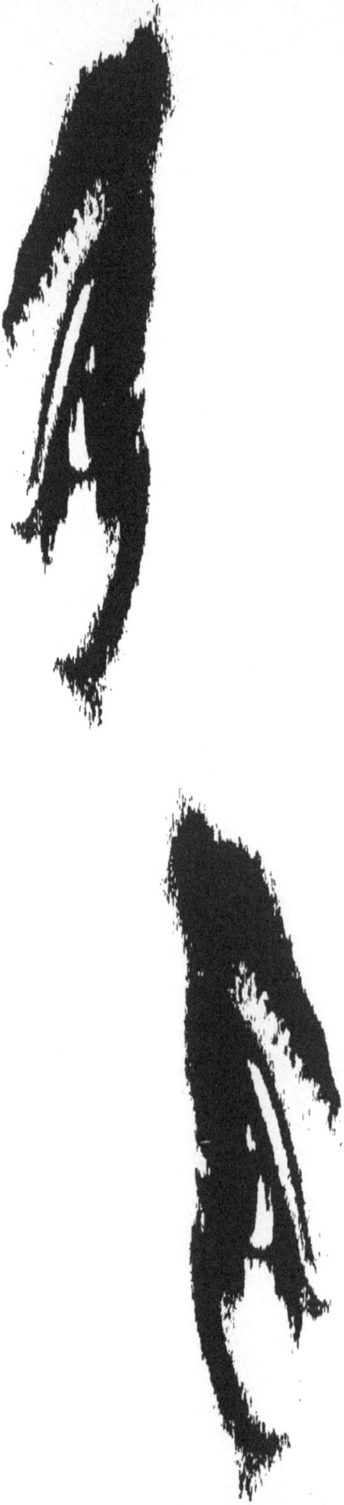

maritmo

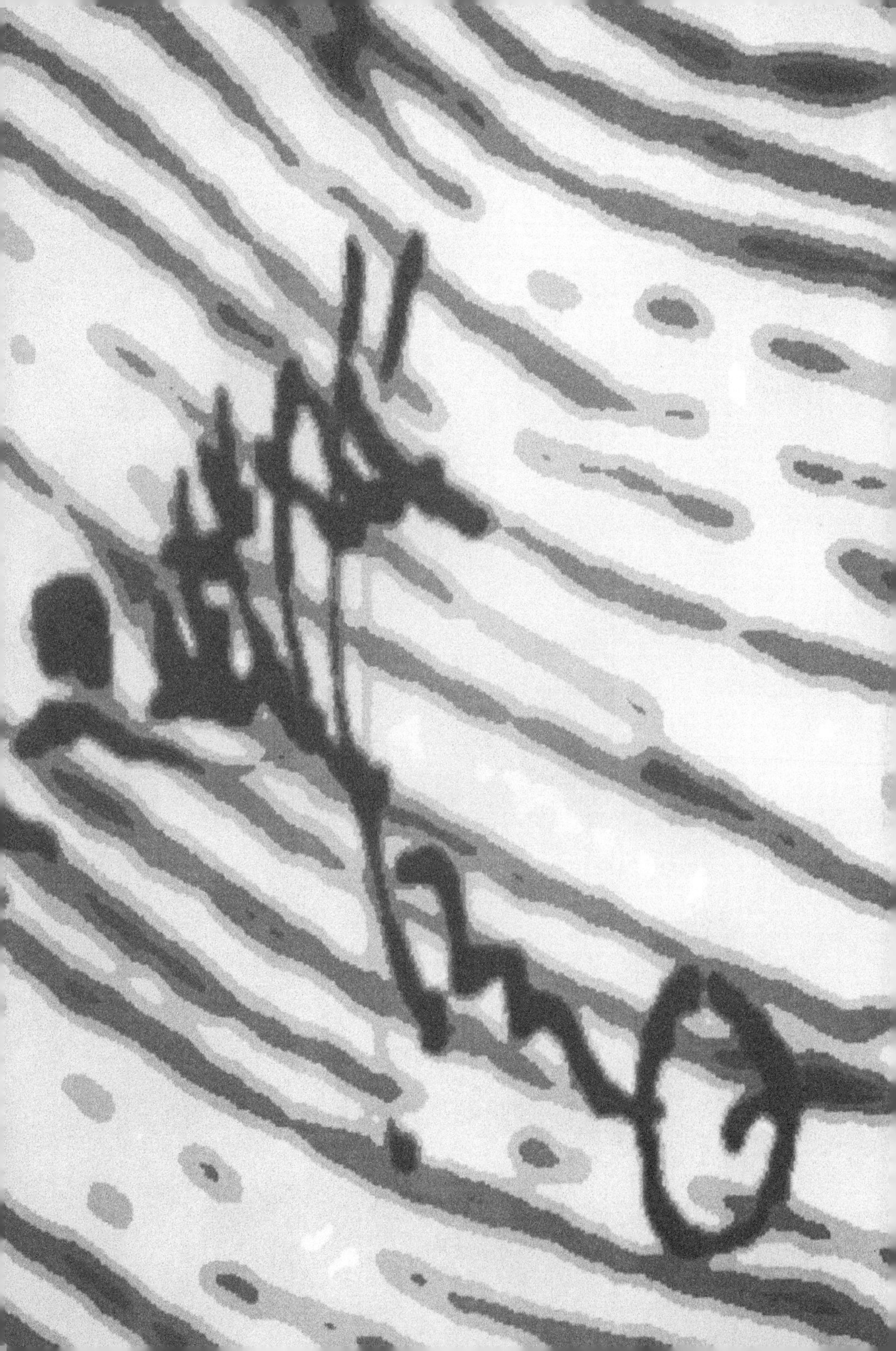

perter

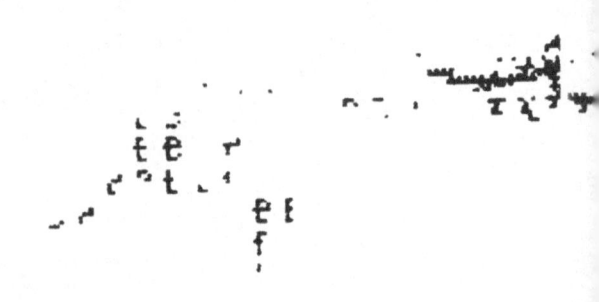

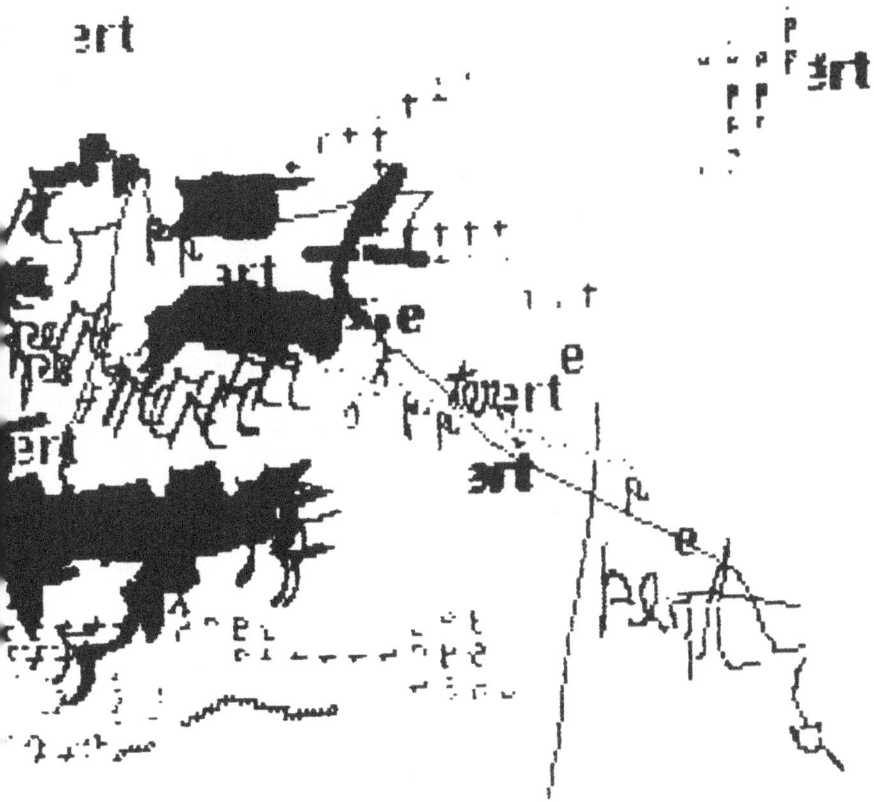

sol / ouço

LOTS OF LOOPS

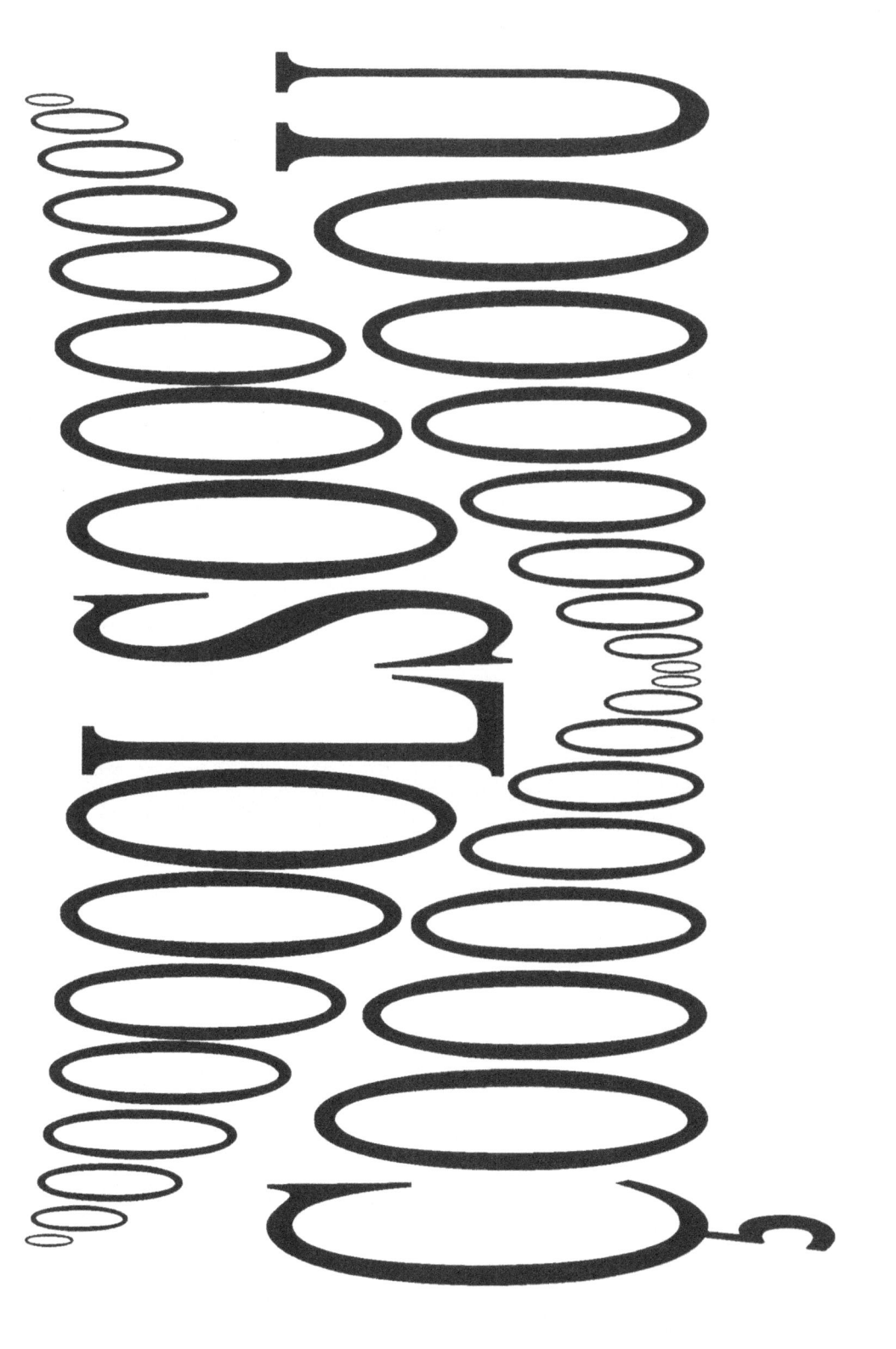

derme / verme

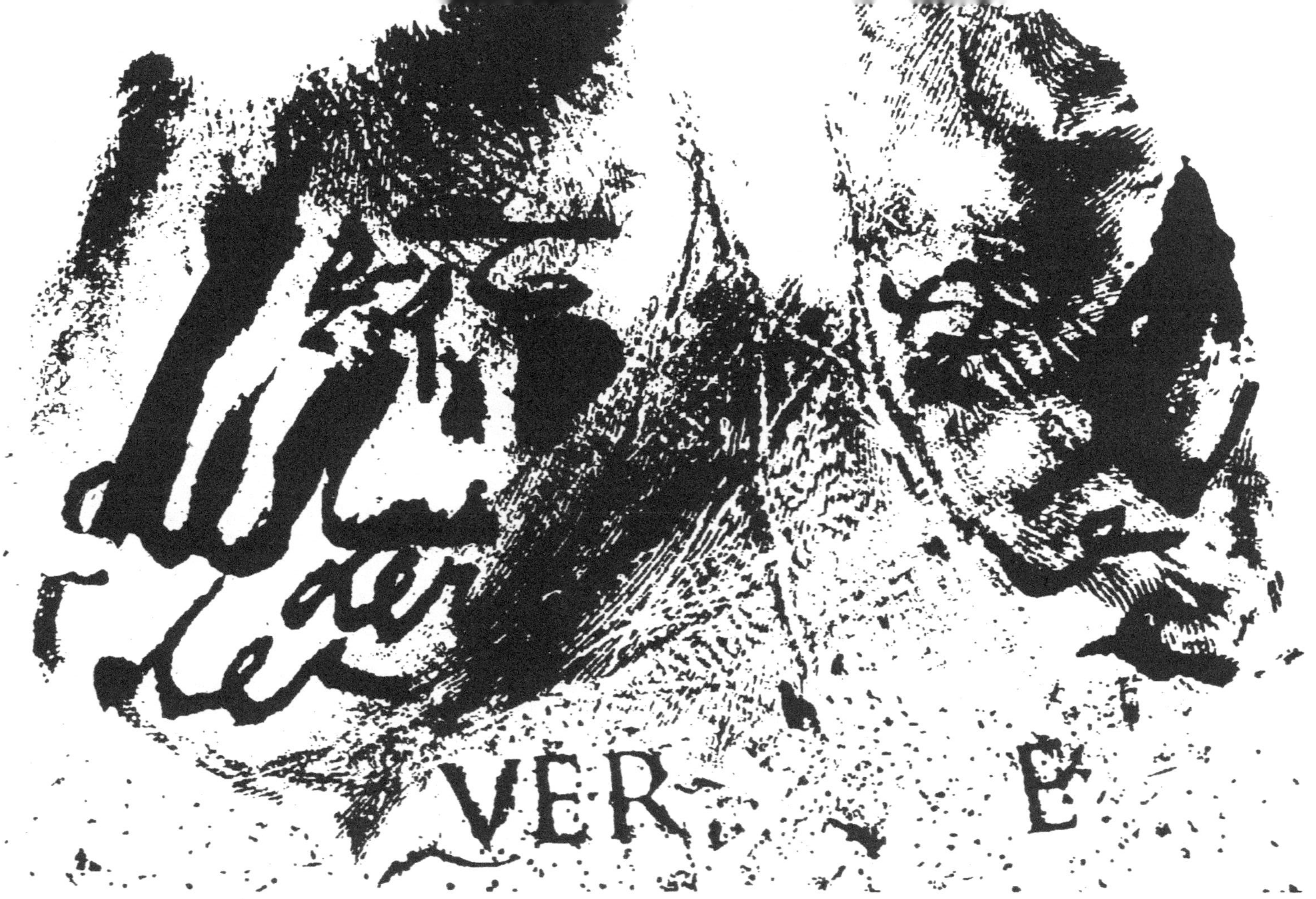
VER
E

caixa

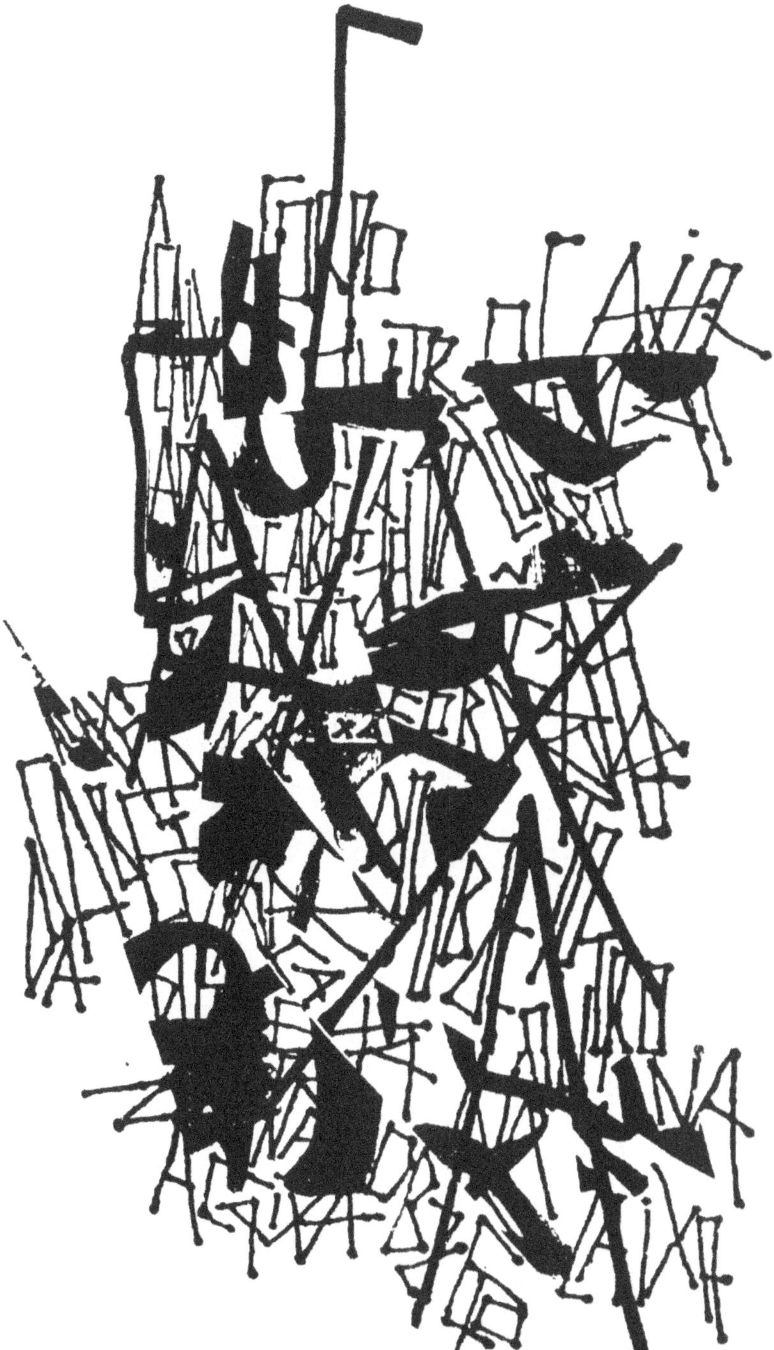

silêncio

não

se lê

Arnaldo Antunes nasceu em São Paulo, em 1960. Integrou o grupo Titãs, com o qual gravou sete discos. Em carreira solo desde 1992, lançou os discos *Nome* (também em DVD, com animações em parceria com Célia Catunda, Kiko Mistrorigo e Zaba Moreau), *Ninguém, O Silêncio, Um Som, O Corpo* (trilha para dança), *Paradeiro, Saiba, Qualquer, Ao Vivo no Estúdio* (também em DVD) e *Iê Iê Iê*, além de *Tribalistas* (com Marisa Monte e Carlinhos Brown) e *Pequeno Cidadão* (com Edgard Scandurra, Taciana Barros e Antonio Pinto).

Tem vários livros publicados no Brasil, entre eles pela Iluminuras: *Psia* (1991), *Tudos* (1990), *As Coisas* (1992, prêmio Jabuti de poesia), *40 Escritos* (2000), *Palavra Desordem* (2002), e *n. d. a.* (2010). Na Espanha publicou *Doble Duplo* (Zona de Obras/Tangará, 2000) e, em Portugal, *Antologia* (Quasi, 2006).

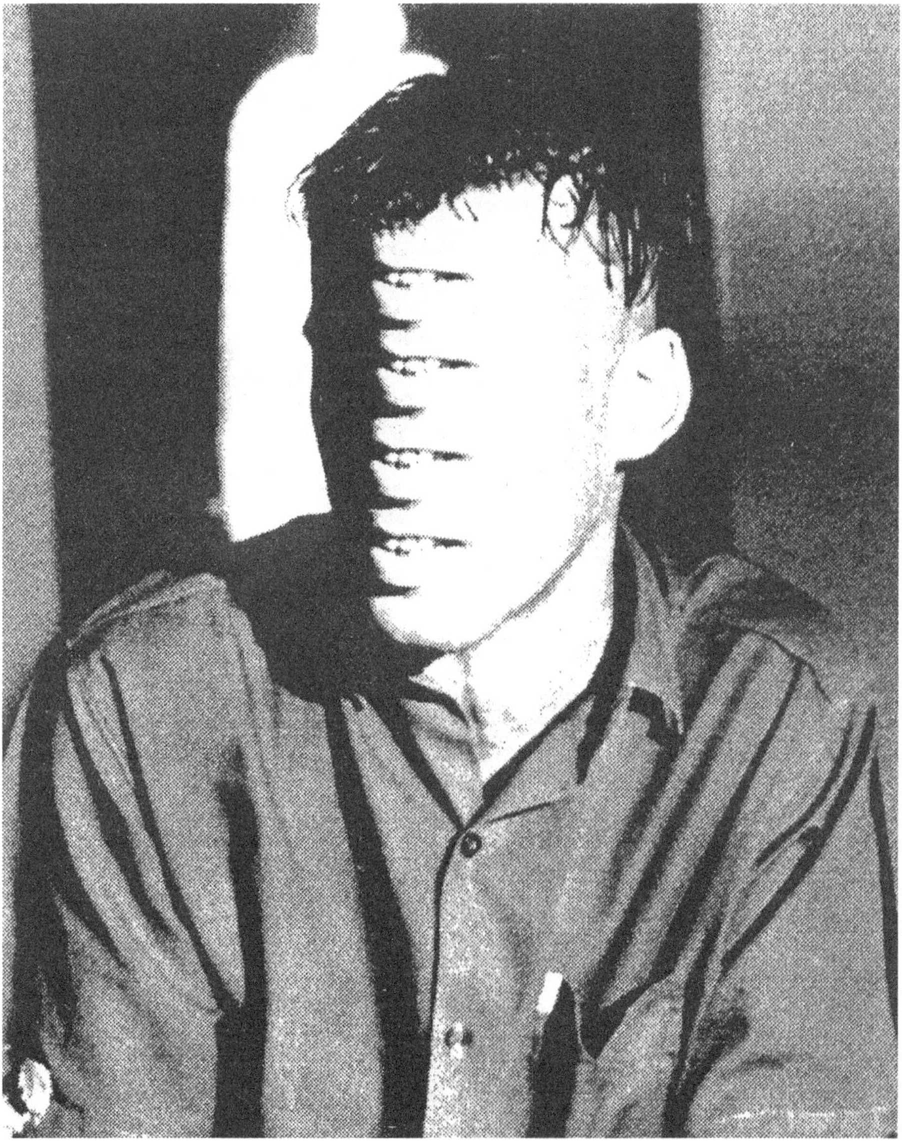

Este livro foi composto em Times e impresso nas oficinas da *Meta Brasil* Gráfica, em Cotia, SP, em papel Offset 90gramas.